LE CONNÉTABLE

DE RICHEMONT

JACQUES CŒUR

In-8°. 5e série.

Les habitants d'Orléans auraient nécessairement succombé, lorsque Jeanne d'Arc parut.

LE CONNÉTABLE
DE RICHEMONT

JACQUES CŒUR

LIBRAIRIE DE J. LEFORT
IMPRIMEUR ÉDITEUR

LILLE
rue Charles de Muyssart, 24

PARIS
rue des Saints-Pères, 30

1879

LE CONNÉTABLE DE RICHEMONT

I

Arthur de Richemont était fils de Jean V de Montfort, duc de Bretagne, et de Jeanne de Navarre, sa troisième épouse. Il fut le second de quatre fils, dont l'aîné, Jean VI, succéda à son père, et dont les trois autres furent élevés à la cour de Bourgogne lorsque leur mère eut épousé le roi d'Angleterre. Le futur connétable était né en 1393. De bonne heure il avait montré une ardeur guerrière, capable de faire présumer qu'il serait le digne successeur de du Guesclin, de Clisson, de Beaumanoir et de Rohan, héros dont les hauts faits tenaient depuis un siècle la nation bretonne au-dessus de tous les autres peuples de la chrétienté.

Après avoir assisté à la bataille d'Azincourt où il avait failli périr, il revenait d'Angleterre, à la suite d'une captivité qui n'avait pas duré moins de sept ans, lorsque l'opinion publique le désigna à Charles VII comme le capitaine le plus propre à conduire son armée à la victoire.

Le roi de France lui fit des ouvertures qu'il accepta. Il reçut des mains mêmes du roi l'épée de connétable au milieu d'une cérémonie publique qui se fit à cette occasion, dans une plaine voisine de Chinon, le 31 mars 1425.

Le lendemain, le nouveau général entra en exercice; il passa la revue du peu de troupes réunies sous les bannières de Charles VII, et partit le jour même pour la Bretagne, dans l'espérance d'user dans cette province de l'influence de son nom pour lever de nouvelles compagnies.

Au moment où il prenait congé du roi, ce prince lui dit :

— Il convient que le premier officier de la couronne ait un apanage dans le royaume; je vous donne le comté de Touraine, pour en jouir vous et vos descendants.

Arthur comprit que le roi voulait faire un sacrifice en sa faveur pour mieux l'attacher à ses intérêts; il refusa modestement ce don considérable, ne voulant pas s'enrichir aux dépens d'un monarque à moitié dépouillé de ses Etats.

Richemont était un homme droit, ferme et profondément dévoué. Implacable ennemi des favoris, nous le verrons se montrer également, pendant toute sa vie, le défenseur du trône, de la religion et de la morale. Il fut souvent obligé, pour servir la patrie, de désobéir à un roi insouciant et ami des plaisirs, et de briser sans merci les pièges perfides qu'on tendait sous ses pas; mais s'il mécontenta toujours Charles VII en le défendant, c'est à ce grand capitaine que revient une grande partie de l'honneur d'avoir rétabli ce prince malgré lui dans les trois quarts de son royaume.

Le crédit du connétable n'eut pas de peine à lui trouver des soldats ; de toutes parts, des nobles du Poitou, de l'Auvergne, du Berry, du Maine et de la Bretagne accoururent sous ses drapeaux. En peu de temps, il compta 7,000 hommes autour de lui : c'était, il est vrai, pour la plupart, de jeunes chevaliers inexpérimentés; mais ils étaient animés de la plus grande bravoure, et Richemont avait assez d'expérience pour eux.

Il revenait triomphant rejoindre Charles VII pour le conduire à la rencontre des Anglais, lorsqu'il apprit que ce prince, « qui ne s'armoit mie volontiers et n'avoit point chière la guerre, » venait d'abandonner à son favori, le sire de Giac, la somme nécessaire pour la solde des troupes.

Arthur, instruit de la position du roi, n'hésita pas à le servir malgré lui. Il accourut d'abord à Saumur, où il espérait trouver la cour; mais Charles VII, redoutant sa présence, était déjà parti pour Chinon. Le connétable le suivit, arriva encore trop tard, et enfin ne l'atteignit qu'à Bourges, après l'avoir poursuivi comme un ennemi que l'on veut réduire.

L'arrivée de l'austère Breton inspira de l'effroi aux courtisans. En effet, sa première parole après avoir salué Charles VII fut de le sommer d'éloigner de sa cour tous ses perfides conseillers. Il y eut quelque résistance ; mais Arthur parlait d'un ton qui n'admettait pas de réplique. Le roi céda.

Le connétable, après cet exemple d'inexorable fermeté et le supplice de Giac, un des plus grands coupables, croyant ne plus avoir d'ennemis autour du trône, et plein d'espoir dans les bonnes résolutions du roi, quitta Bourges pour voler aux ennemis. Il se rendit célèbre en Normandie et sur les frontières de Bretagne par plusieurs actions d'éclat, garnit de troupes les Marches, réconcilia son frère Jean V, duc de Bretagne, avec le roi de France, enlevant ainsi aux Anglais un puissant auxiliaire, et, pressé du besoin d'argent pour payer ses routiers, il vint rejoindre Charles VII à Poitiers, vers la fin de 1326, pour y concerter avec lui le plan de la campagne qui devait s'ouvrir au printemps.

A son grand étonnement, il retrouva la cour ce qu'elle était du vivant de Giac.

Outré d'un pareil procédé, Richemont résolut d'arracher une seconde fois le roi de l'esclavage dans lequel il vivait, et sans perdre de temps il se mit à l'œuvre.

Un jour que Charles VII regardait, d'une fenêtre du château, son favori, luttant d'adresse, sur une pelouse, avec quelques autres seigneurs, six hommes d'armes de la compagnie du maréchal de Boussac sortirent tout à coup d'une embuscade, franchirent la palissade qui bordait la prairie et firent main-basse sur Beaulieu. Les cris que le roi poussait de son balcon n'arrêtèrent point les meurtriers.

Personne ne douta que le coup n'eût été commandé par le connétable, mais aucun courtisan n'osa élever la voix. Le même soir, le comte de Richemont alla visiter le prince, qui lui reprocha avec grande colère l'attentat de la journée.

Le général répondit froidement :

— Monseigneur, c'est pour le bien de votre royaume.

— Mais puisque vous m'enlevez tous mes

ministres sous prétexte qu'ils vous déplaisent, répliqua Charles, indiquez-m'en un qui vous convienne.

Arthur savait que son maître ne pouvait se passer de favori; il prit le parti de lui en donner un de son choix, et il lui désigna la Trémouille, seigneur de noble race, connu par sa valeur. Charles refusa d'abord; Arthur insista. Le roi céda selon sa coutume.

— Vous me le baillez, dit-il à Richemont; mais, prenez-y garde, vous serez le premier à vous en repentir.

Cette prédiction ne devait que trop se justifier.

Les événements pressaient le connétable de se remettre en campagne. Il partit pour le Gâtinais, où les Anglais faisaient des progrès rapides, emmenant avec lui tout ce qu'il pouvait trouver de soudoyers et les plus braves capitaines de l'époque, Dunois, Xaintrailles, la Hire. Ces officiers étaient pleins de zèle; mais, comme toujours, ils avaient la bourse vide, et le soin de nourrir leurs bandes était leur plus grand souci. Au bout de quelques jours, ils se virent forcés de déclarer qu'il leur était impossible d'aller plus loin sans argent.

— Depuis longtemps, disaient-ils, nous avons dépensé notre bien à solder les gens de guerre, pendant que le peu de revenu que l'on retire des provinces est employé aux plus folles dépenses.

Arthur sentait la justesse de ces observations, mais le moment de les faire était mal choisi. Il aurait pu dire à ses généraux qu'il ne fallait point songer à de l'argent au moment de tirer l'épée ; il aima mieux mettre en gage, à Bourges, chez un bourgeois nommé Besson, sa couronne de comte faite d'or massif et garnie de pierreries, estimée 10,000 écus (200,000 fr.). Le connétable donna sur-le-champ cet argent aux capitaines, qui reprirent les armes avec un nouveau courage.

Cette campagne s'ouvrit par l'affaire de Montargis, où Dunois et la Hire se signalèrent particulièrement. Tout le Gâtinais fut repris en quelques mois ; l'armée passa ensuite dans le Maine, où le duc de Bedford en personne commandait les Anglais. Richemont fit lever le siège de la Gravelle, renforça les garnisons de Laval, de Craon, d'Angers, et, ayant épuisé l'argent prêté sur sa couronne, il s'adressa de nouveau au roi pour avoir des subsides.

Mais plus que jamais les coffres de l'Etat étaient vides. La Trémouille montrait dans son administration beaucoup plus d'esprit et d'adresse que les autres favoris ses prédécesseurs, mais comme eux il retenait son maître dans l'oisiveté. Depuis quatre ans que Charles VII régnait, il n'avait pas encore revêtu une seule fois la cuirasse.

A l'aspect de tant d'insouciance d'une part et de mauvaise foi de l'autre, le connétable crut devoir encore élever la voix ; mais cette fois le favori le prévint, et, craignant le sort de ses prédécesseurs, la Trémouille employa son influence sur l'esprit faible du monarque pour faire disgracier Richemont, auquel on retira son commandement. En vain le duc de Bourbon et le comte de la Marche essayèrent-ils de le défendre en faisant remarquer l'ardeur qu'il venait de mettre à chasser les Anglais du Maine, tout fut inutile. Charles VII, esclave de la Trémouille comme il l'avait été de Giac et de Beaulieu, ne voulut écouter que lui.

« Ces affronts que l'on affectait de prodiguer au plus grand capitaine de l'époque, dit un écrivain moderne, ne purent le rendre rebelle; car, s'il voulait gouverner le roi, c'était pour l'arracher à la mollesse et le rendre à la gloire. »

Il se retira à Parthenay, qui lui appartenait, et posa son épée sans rancune.

II

Un tel événement ne pouvait manquer de faire grand bruit dans l'armée anglaise : c'était le plus redoutable des ennemis du jeune Henri VI qui disparaissait, et l'occasion de reprendre les provinces conquises par lui qui s'offrait d'elle-même. Le comte de Salisbury, récemment débarqué à Calais avec une armée de troupes fraîches, se mit aussitôt en devoir de parcourir tout le pays situé entre la Seine et la Loire, et comme personne ne s'opposait à son armée, ce fut une marche triomphale. Dans l'espace d'un mois, il enleva Rambouillet, Noyon, Janville, Beaugency; enfin il parut devant Orléans, dont la prise devait garantir pour toujours au roi son maître la possession de Paris et mettre le sceau à sa réputation militaire.

C'est en ce moment suprême que la Providence suscita une humble bergère qui sauva la France. Les habitants d'Orléans ne se laissèrent pas intimider, et soutinrent le siège par de longs et héroïques efforts; mais ils auraient nécessairement succombé, lorsque Jeanne d'Arc parut.

Les triomphes de la Pucelle d'Orléans jetèrent la terreur parmi les Anglais, et ranimèrent le courage des Français. Une série de succès conduisit le roi jusqu'à Reims, où il fut sacré dans la cathédrale de Saint-Remi.

La mission de Jeanne d'Arc était terminée; elle voulait se retirer dans sa famille, sous l'humble toit de Domremy. Malheureusement elle ne sut pas résister assez énergiquement aux sollicitations qui lui furent faites. Elle continua à guerroyer avec le même courage, mais plus avec le même succès. On sait sa captivité, son inique condamnation et sa sainte mort sur le bûcher.

Quand la nouvelle de l'exécution de Jeanne d'Arc parvint au connétable de Richemont dans sa solitude de Parthenay, une noble indignation s'empara du vieux guerrier, et il jura de délivrer une troisième fois, quoi qu'il en advînt, Charles VII du ministre qui n'avait pas honte d'entretenir un roi de France dans une pareille abjection.

Aussi bien la Trémouille avait déjà tenté lui-même en plusieurs circonstances de se débarrasser du connétable.

Arthur se promenait un matin à cheval, accompagné d'un seul officier de sa maison, lorsqu'un homme également à cheval sortit de la forêt voisine, l'accosta brusquement et s'attacha à lui en balbutiant quelques mots.

— Qui êtes-vous? lui demanda le connétable.

— Je suis Picard, répondit l'inconnu tout troublé.

— Que me voulez-vous? parlez, et surtout ne mentez pas.

Le ton de ces paroles et l'aspect imposant du comte déconcertèrent le Picard.

— Monseigneur, dit-il, je dirai la vérité, mais qu'il vous plaise de me pardonner.

— Parlez, je vous accorde d'avance votre pardon.

— Le sire de la Trémouille m'avait promis bonne récompense pour vous tuer.

Le connétable regarda d'un air de pitié cet étrange messager :

— Tenez, dit-il en lui jetant sa bourse, allez-vous-en, et surtout ne vous chargez plus de pareilles commissions.

A quelque temps de là, le sire de Graville, parent et créature du ministre, ayant traîtreusement livré Montargis aux ennemis, le connétable, profitant de l'indignation générale qui accusait publiquement la Trémouille de tous les malheurs et de toutes les hontes de la patrie, entra, avec presque tous les gentilshommes de la cour, dans un complot qui avait pour but de le renverser.

En conséquence, dans les premiers jours de 1432, Coétivy, officier de sa maison, se transporta à Chinon avec quatre autres gentilshommes et quarante cavaliers bretons. Il arriva pendant la nuit, et se présenta devant une fausse porte qui donnait sur le boulevard du Coudrais. Le sire de Gaucourt, gouverneur de Chinon, avait promis de livrer cette porte. Fidèle à sa parole, il introduisit dans la place le détachement de Bretons, qui traversèrent la ville en silence, entrèrent dans le palais du roi par les jardins, montèrent à l'appartement de la Trémouille et enfoncèrent les portes. Le favori dormait tout habillé. Il voulut se défendre, mais un coup de dague le réduisit. On l'entraîna, on le plaça de force sur un cheval, et on le conduisit ainsi dans son château de Montereau, où il fut contraint de jurer qu'il renonçait pour toujours à la politique.

Le tumulte causé par cet enlèvement, au milieu de la nuit, avait épouvanté le roi, dont l'appartement était voisin. Quelques-uns des conjurés osèrent le rassurer en lui disant :

— Nous et nos compagnons sommes vos plus fidèles sujets ; nous venons d'arrêter le sire de la Trémouille, dans le dessein de bien servir l'Etat.

Ce peu de mots satisfit Charles VII. Il s'enquit seulement si le connétable se trouvait au nombre des agresseurs ; on lui dit qu'Arthur n'avait pas quitté Parthenay.

Dès lors Charles VII, délivré de ses indignes favoris, put enfin écouter les doléances de son peuple, les avis de la reine, ceux de ses généraux ; il rendit à Richemont ses bonnes grâces avec le commandement supérieur de ses troupes, et l'armée, agissant désormais sous l'influence d'une volonté unique et respectée, reprit le cours de ses exploits si malheureusement interrompu depuis cinq ans.

Le connétable rentra en campagne au commencement de 1433. Il passa dix-huit mois à lever des troupes et à faire de petites attaques ; mais bientôt il accomplit deux entreprises qui suffiraient pour établir la réputation d'un général : la paix d'Arras avec le duc de Bourgogne, et la prise de Paris sur les Anglais.

Depuis cinq ans, même pendant son exil de Parthenay, le fidèle Breton nourrissait ce projet de détacher Philippe le Bon, qui était son beau-frère, de l'alliance de Lancastre. La mort d'Anne de Bourgogne, femme du duc de Bedford, et le mariage du prince anglais avec une princesse du Luxembourg, lui en fournirent un heureux prétexte. Il manœuvra si habilement qu'il amena la signature du traité le 21 septembre 1435.

C'est une lecture curieuse que celle de ce récit dans les anciens historiens. Les hésitations du duc de Bourgogne y sont vivement retracées. Son intention était bien, disait-il, de ne pas faire la guerre à Charles VII; mais alléguant la foi du serment, il ne voulait pas le reconnaître pour roi de France après avoir reconnu comme tel Henri V et Henri VI. Les supplications d'Arthur et des autres envoyés français ne purent le faire changer d'avis à cet égard. Combattu par divers sentiments, Philippe sortit subitement de la salle des conférences et alla s'enfermer dans une chapelle. Sa retraite mit la consternation dans l'assemblée. Le comte de Richemont, accompagné de trois cardinaux, voulut essayer une dernière tentative. Ils se rendirent vers Philippe et le trouvèrent au pied des autels priant avec ferveur. Ils se jetèrent tous à genoux en le suppliant de révoquer ce qu'il avait dit. Les cardinaux furent obligés de lui promettre que le Pape le relèverait de son serment, ajoutant que le repos de la chrétienté devait l'emporter sur un serment dicté par un esprit de vengeance.

Ce traité coûtait cher à la France, mais c'était le plus terrible coup qu'on pût porter à l'Angleterre. Bedford en mourut de chagrin, et l'indigne Isabeau de Bavière, qui vivait encore dans un coin de Paris, expira de dépit, deux jours après en avoir reçu la nouvelle.

La paix d'Arras ayant affranchi le connétable de toutes ses entraves, ce général se vit en position de poursuivre vivement ses avantages. Les Anglais, privés du secours des Bourguignons leurs anciens auxiliaires, ne purent tenir campagne. Ils se bornèrent à défendre les places fortes qu'ils possédaient dans l'Ile-de-France et l'Orléanais. Le comte de Richemont abandonna pour le moment le projet de les y forcer : un soin plus important l'occupait.

La réduction de la capitale était en effet l'événement le plus propre à émouvoir les Français et à réveiller l'esprit public. Arthur annonça à ses lieutenants, aux bannerets et aux capitaines sous ses ordres, que le moment était venu d'arracher Paris des mains des Anglais. Par ses ordres, Dunois, Lille-Adam, Thoulongeon, de Rieux, de la Fayette et Christophe de Harcourt attaquent à la fois Lagny, Corbeil, Pontoise, Beaumont, Poussy; lui-même enlève le pont de Charenton, Dunois s'empare de Saint-Denis, l'armée resserre Paris de tous côtés, et un siège en règle commence.

La ville était défendue par cinq ou six mille hommes, commandés par le sire de Woodvill, général anglais fort estimé, que secondaient surtout les syndics des marchands, des drapiers, des bouchers et des épiciers; mais toute leur vigilance ne put saisir le fil d'une vaste conspiration qui se tramait pour ainsi dire sous leurs yeux.

Richemont entretenait des relations avec un certain nombre de notables, dévoués au parti français. Toutes choses étant prêtes, et l'amnistie ayant été promise au nom du roi, dans la nuit du vendredi 15 avril 1436, le connétable fit avancer ses compagnies et envoya un officier à la porte Saint-Michel que l'on avait promis de livrer.

Cet officier, ayant quelque temps côtoyé le fossé, distingua sur le rempart un homme qui agitait son chaperon. Il s'approcha. C'était un bourgeois qui lui dit que la porte Saint-Michel resterait fermée, mais que le connétable n'avait qu'à se présenter à celle de Saint-Jacques. En effet, on trouva à cette barrière des bourgeois parfaitement disposés.

En leur confiant la garde de nuit, le capitaine anglais avait emporté la clef, et l'on fut obligé de pratiquer une ouverture dans l'épaisseur des madriers; les bourgeois jetèrent une planche au travers du fossé; le connétable, descendant de cheval, passa le premier sur ce frêle appui. Dunois parvint aux créneaux à l'aide d'une échelle de cordes, et vint rejoindre le connétable, qu'il trouva haranguant les bourgeois et leur touchant la main. Alors on fit briser les chaînes des ponts-levis et les serrures, l'armée tout entière put pénétrer. Richemont, montant à cheval, parcourut la rue Saint-Jacques, la place de Grève, la rue de la Calandre, et entra dans Notre-Dame, où il entendit la messe, tout armé.

Pendant ce temps, Woodvill, à qui on avait donné une fausse alerte, se battait sur un autre point. Quand il apprit que le connétable avec ses hommes était déjà au cœur de Paris, il ne songea plus qu'à gagner la Bastille afin de s'y défendre le plus longtemps possible; mais ce fut peine perdue : le connétable avait déjà distribué des postes dans toutes les rues et sur tous les ponts, et le peuple de Paris ne cessait de jeter sur les Anglais, par les fenêtres, les tables, les meubles et tout ce qui leur tombait sous la main.

Les compagnies de routiers qui composaient le gros de l'armée française, se réjouissaient surtout, comptant sur les bénéfices d'une ville prise d'assaut. « Nous » chargerons nos charrettes de pillage, di- » saient-ils, et remporterons or, argent et » mesnages, dont nous serons riches toutes » nos vies. »

Ces espérances furent trompées. A peine entré dans la ville, le connétable y fit crier à son de trompe « que nul ne fût si hardi, » sous peine d'être pendu par la gorge, de

» soi loger en l'hôtel des bourgeois ne » mesnagers, outre sa voulonté, ne de » reprocher, ne de faire quelque déplaisir, » ou piller personne de quelque état, s'il » n'étoit natif d'Angleterre ou soudoyer. »

Cette recommandation, que nul dans l'armée n'osa enfreindre, car on connaissait la justice expéditive du connétable, le rendit l'idole des Parisiens, qui le prirent en si grand amour que « avant qu'il fut lendemain, n'y avoit celui qui n'eut mis son » corps et sa chevance pour détruire les » Anglais. »

III

La prise de Paris fut suivie d'une tentative de paix générale entre la France et l'Angleterre, dont Philippe de Bourgogne se fit le médiateur. Les conférences n'aboutirent pas ; mais elles eurent pour résultat d'attacher définitivement à la France le duc de Bourgogne, qui, mécontent du roi d'Angleterre, résolut aussitôt de sortir de sa neutralité, et mit trente mille hommes au service du roi de France.

Le bruit d'un si grand secours frappa Charles VII et l'arracha à la mollesse. Il résolut de ne revoir sa capitale qu'après s'être signalé par des exploits propres à lui gagner l'estime de ses peuples. En conséquence, il fit un appel à toute la noblesse de son royaume, et après avoir ouvert la campagne par quelques combats de peu d'importance, il vint mettre le siège devant Montereau, dont la position et les munitions qu'on y avait accumulées faisaient un des principaux boulevards de la puissance anglaise.

Le siège de Montereau, un des plus remarquables du xve siècle, commença vers le 12 août 1437. Presque tous les guerriers illustres de ce règne y prirent part : le connétable, Xaintrailles, Coétivy, le comte de la Marche, Dunois, le sire de Culant, le bailly de Vitry, et Bureau, l'ingénieur le plus savant de l'Europe, qui parvint à détourner le cours de l'Yonne afin de faciliter aux assiégeants l'accès des murs, et sut tenir tête, avec quelques pièces, à la redoutable artillerie du général anglais Thomas Guérard, élève de Talbot. Le roi fut un des premiers qui montèrent à l'assaut. Toute la noblesse le suivit. En peu d'instants, les Français couvrirent les murailles. Ni le courage ni la savante tactique des Anglais ne purent arrêter ce torrent. La ville fut prise d'assaut le 22 octobre 1437.

Charles VII venait de se réhabiliter. Son courage avait fait l'admiration des Français toujours prêts à s'enthousiasmer pour leur chef. Il avait alors trente-cinq ans. Il se trouva digne de visiter Paris, et les habitants de la capitale, quoique la population fût diminuée de moitié, lui firent une réception des plus brillantes.

Le grand connétable, de son côté, ne perdit pas un instant; il s'occupa, sans désemparer, à former une véritable armée, en substituant les troupes régulières et soldées aux bandes vagabondes et pillardes de routiers qui jusque-là avaient formé le noyau des forces militaires.

Mais avant de tenter cette mesure si désirable, il était indispensable de négocier une trêve avec l'Angleterre. Tous les soins du connétable se dirigèrent vers ce but, et il ne poursuivit plus les hostilités que pour forcer les Anglais à faire les premières avances.

Après la reddition de Meaux, dont la conquête fut entièrement due aux vigoureuses dispositions du comte de Richemont, la campagne continua avec des succès balancés; mais les Anglais, épuisés par une lutte de vingt-cinq ans, ne tardèrent pas à se montrer disposés à faire la paix. On ouvrit des pourparlers : malheureusement, des princes du sang et d'autres seigneurs, regardant comme des abus les efforts que le roi et ses conseillers annonçaient devoir faire pour réprimer les violences des gens de guerre, choisirent ce moment pour former une ligue criminelle.

Cette ligue prit le nom de *Praguerie*. La Trémouille, irrité de sa juste disgrâce, prêta son appui aux rebelles, et le dauphin Louis, à peine âgé de dix-huit ans, se joignit à eux contre son propre père. Le roi déploya dans cette circonstance difficile une énergie qu'on n'attendait pas de lui. Il envoya le comte de Richemont dans les provinces, afin de soutenir la fidélité des peuples et disposer les moyens d'une défense vigoureuse. Le connétable se multiplia.

Un jour, en traversant un bois près de Beaugency, il tomba au milieu des principaux rebelles, qui avaient choisi précisément ce lieu pour s'y réunir. Au nombre de six cents, ils l'entourèrent comme des furieux en l'accablant de reproches. Quelques-uns proposèrent de le faire prisonnier et de le garder comme otage. Le sire de Chabannes fut le seul qui s'y opposât courageusement.

— L'arrestation du premier officier de la couronne, dit-il, peut être fort préjudiciable : nul doute que les Anglais ne rompent aussitôt les pourparlers et ne recommencent la guerre dès qu'ils apprendront que le roi est privé du chef de l'armée.

Ces raisons touchèrent les rebelles. Après quelques heures de captivité, le connétable fut libre de continuer son chemin. Le sort de la Praguerie ne fut pas heureux : les peuples, indignés, fermèrent les villes aux révoltés.

Les négociations d'une trêve avec l'Angleterre marchaient toujours, mais lentement. Le connétable ne vit pas de meilleur moyen de les faire avancer que de fondre sur les villes qu'ils possédaient encore dans le voisinage de Paris, Creil, Saint-Germain, Meulan et Pontoise. Cet avis plut au roi, et le projet fut mis à exécution sans délai, mais il n'amena pas le résultat désiré. Sans se décourager, le connétable entraîna le roi en Guyenne pour y poursuivre ses succès militaires. La prise de Saint-Sever, de Dax et de quelques autres places moins importantes força le général anglais Talbot à céder malgré lui. La trêve fut signée au commencement de 1444, au moment où Dunois, qui guerroyait de son côté en Normandie, venait de se rendre maître de Dieppe.

A partir de ce moment, rien ne s'opposa plus à la mise à exécution des vastes projets du connétable. Il licencia toutes les troupes armées, qui, au dire d'un historien, ne montaient pas à moins de quatre-vingt-dix mille hommes en comptant ceux qui faisaient la guerre pour le compte du roi et ceux qui la faisaient pour leur propre compte. En même temps, afin d'occuper sous une autre forme les meilleurs de ces soldats, et forcer les autres à rentrer sans bruit dans leurs provinces ou à quitter la France, il organisait sur une vaste échelle un système de troupes permanentes de cavalerie et d'infanterie.

La cavalerie comprenait quinze compagnies, commandées chacune par un capitaine et composées de cent lances. Chaque lance comprenait six personnes, savoir : l'homme d'armes, son page ou varlet; trois archers et un coustelier, c'est-à-dire un écuyer armé d'un couteau. Chaque compagnie formait donc un corps de six cents hommes, tous à cheval. Le chef de lance recevait dix livres dix sols par mois; le page et l'écuyer, cinq livres; l'archer, quatre livres. Il fut décidé que l'on donnerait à chaque chef de lance des rations de vivres et de fourrages destinées à son peloton. On choisit, pour mettre à la tête des compagnies, des capitaines vaillants, sages et experts. Le serment suivant fut exigé d'eux :

« Je promets et jure à Dieu et à Notre-Dame, que je garderai justice et ne souffrirai aucune pillerie, et punirai tous ceux de ma charge que trouverai avoir failli, sans y épargner personne et sans aucune fiction, et ferai faire réparation des plaintes qui viendront à ma connaissance, à mon pouvoir, avec la punition des susdits, et promets faire

faire à mon lieutenant semblable serment que dessus. »

Chaque capitaine de compagnie et son lieutenant étaient donc en quelque sorte des prévôts, des justiciers, institués par la royauté pour protéger la société, notamment les laboureurs et les commerçants, contre les dévastations. Ainsi l'autorité militaire enfin disciplinée était appelée à retirer la France du chaos où la guerre et ses suites l'avaient plongée.

Après avoir organisé la cavalerie, il fallut songer aux fantassins. Antérieurement à Charles VII, si l'on excepte quelques troupes d'arbalétriers et d'archers italiens ou écossais, l'infanterie française n'avait presque aucune importance. Une ordonnance institua la milice des francs archers.

« En chaque paroisse de notre royaume, y est-il dit, il y aura un archer qui se tiendra continuellement armé de salade (*casque*), dague, épée, trousse (*carquois*), jaque ou huque (*justaucorps*), et brigandine (*cuirasse*). Ils seront choisis parmi nos élus en chaque élection parmi les plus adroits et les plus alertes qui se pourront trouver en chaque lieu, sans avoir égard à la richesse. »

Le roi promettait quatre francs par mois aux francs archers pendant tout le temps qu'ils serviraient, en même temps il les tenait quittes de la taille et du guet. Le nombre des paroisses étant à cette époque évalué à seize mille, Charles VII disposait donc, indépendamment de neuf à dix mille hommes de compagnies d'ordonnances, de seize mille fantassins qui au premier signal devaient se rendre au poste qui leur était indiqué.

Le plan du connétable réussit au delà de toutes les espérances.

« Au bout de deux mois, dit un historien contemporain, les marches et pays du royaume furent plus sûrs et mieux en paix qu'ils n'avaient été trente ans auparavant; il sembla à plusieurs marchands et laboureurs populaires, qui de longtemps avaient été en grandes tribulations et excessives afflictions, que Dieu notre créateur les eût pourvus de sa grâce et miséricorde. Ensuite de quoi, de divers endroits du royaume commencèrent les marchands de divers lieux à traverser de pays à autre, à exercer leur marchandise et à faire leur négoce de commerce. Pareillement les laboureurs et autres gens de plat pays, qui avaient été de longtemps en grande désolation, s'efforçaient de tout leur pouvoir à labourer et à réédifier leurs maisons et habitations, à défricher leurs terres, vignes et jardinages très diligemment. »

Jamais révolution ne fut plus complète et plus rapide. Chroniqueurs français et chroniqueurs bourguignons n'ont là-dessus qu'une voix. La sécurité des routes les comble d'étonnement. L'un d'eux constate que l'on pourrait traverser tout le royaume les mains pleines d'or sans courir aucun danger.

Comme c'était principalement aux hommes vivant de leur travail que cet état de choses était profitable, le peuple s'en montra très reconnaissant au roi. Néanmoins, l'apathie personnelle et la faiblesse du prince auraient encore tout paralysé et tout compromis, si, pour l'honneur du pays, le comte de Richemont n'eût été à la tête de l'armée. La nouvelle organisation des troupes n'avait pas sensiblement changé les noms des capitaines ses anciens et chers compagnons d'armes. Cependant quelques-uns étaient morts, et parmi ceux-ci la Hire, un des plus illustres, qui avait succombé, dès 1442, aux suites de ses longues fatigues. Rodrigue de Villandrado avait aussi disparu en même temps que les routiers; mais les plus attachés, Dunois, Xaintrailles, Bureau, d'Albret, Gaucourt survivaient, toujours animés de cet esprit chevaleresque et dévoué à la couronne qui avait déjà produit tant de merveilles.

IV

L'Angleterre possédait encore en France deux grandes provinces dont il importait de la chasser pour achever l'œuvre si patriotiquement poursuivie depuis le commencement de ce règne : c'étaient la Normandie et la Guyenne.

En 1449, la trêve étant expirée, et le roi rendu aux pensées sérieuses, les conseillers lui persuadèrent d'ouvrir la campagne par l'envahissement de la Normandie. Le connétable, cette fois, ne fut pas le seul à exciter la bravoure du souverain; le riche Jacques Cœur, qui en ce temps était au plus fort de sa faveur et de sa fortune, joignit vivement ses instances aux siennes, et comme, dans un moment de mauvaise humeur, Charles VII lui répondit que ses coffres étaient vides,

— Tout ce que j'ai est vôtre, sire, s'écria noblement le financier.

Bientôt la campagne commença. Un chroniqueur fait remarquer « que durant cette conquête tous les gens d'armes du roi de France et ceux qui étaient en son service furent payés de leurs gages de mois en mois. » Le soin de soumettre la haute Normandie fut confié à Dunois, que le roi venait de nommer son lieutenant général dans ses guerres, titre presque égal à celui de connétable. Arthur de Richemont se chargea d'expulser l'ennemi de la basse Normandie. Jean Bureau, à qui ses essais sur le tir du canon et ses expériences dans la fonte des pièces et des projectiles avaient donné une grande célébrité, était chargé de veiller à l'artillerie des deux armées. Il avait été convenu que le roi resterait à Mantes avec le corps de réserve destiné à soutenir les deux divisions en cas de revers. Jacques Cœur accompagnait son maître, et pendant que les divers corps de troupes se rendaient à leur destination, il ménageait à Charles VII une alliance offensive et défensive avec les rois d'Ecosse et d'Aragon.

Les triomphes de Dunois et de Richemont furent merveilleux. Dunois avait à peu près quinze mille hommes composés en partie de volontaires accourus de Picardie; il en fit plusieurs pelotons à l'aide desquels il s'empara presque en même temps de Verneuil, de Pont-Audemer, de la Roche-Guyon, de Neufchatel, de Pont-de-l'Arche, de Pont-l'Evêque, de Lisieux, de Gournay, de Vernon, de Gisors, de Château-Gaillard. Il arriva enfin devant Rouen. Aucune ville n'avait donné à l'Angleterre plus de gages d'attachement. Mais le comte de Sommerset, qui y gouvernait au nom du roi d'Angleterre, était un homme sans talent, que tout le monde détestait. La ville se serait assez promptement rendue, sans l'illustre Talbot, qui, étant tout à coup sorti de la forteresse d'Harcourt, où il se tenait cantonné, vint adroitement se jeter dans la place. Il montra dans cette circonstance, à l'âge de soixante-dix-sept ans, toute l'activité qu'il avait tant de fois déployée en rase campagne. Ce fut inutilement : l'infériorité de sa troupe, la défection de quelques bourgeois aidés du clergé, enfin une insurrection qui éclata tout à coup après un mois de siège ayant rendu toute résistance inutile, Sommerset vint lui-même trouver le roi Charles VII, et, pressé par les circonstances, accepta de payer cent cinquante mille écus, de rendre toutes les villes de la côte excepté Harfleur, et de laisser pour otages en France Talbot et la comtesse de Sommerset.

Le roi de France fit son entrée solennelle dans Rouen le 11 novembre 1449. On déploya dans cette occasion un luxe magnifique. Charles VII avait auprès de lui tout ce que la noblesse de France comptait de plus illustre : les comtes de Soissons, de Clermont, d'Eu, de Nevers, du Maine, le sire d'Albret, Louis de Luxembourg, comte de Saint-Pol, Charles de Montmorency, les sires de la Fayette, de Tancarville, de Chabannes, de Rochechouart, de Culant, de Gaucourt, d'Escarde, de Xaintrailles.

Pendant que ceci s'accomplissait dans la haute Normandie, le connétable soumettait la partie basse de la province. Secondé par d'habiles capitaines, il ne tarda pas à se rendre maître de Coutances, de Saint-Lô, de Valogne, de Carentan, de tout le Cotentin, à l'exception de Cherbourg. Les Anglais, abandonnés à eux-mêmes, ne pouvaient se soutenir, quoïqu'ils se défendissent avec leur bravoure accoutumée. Fougères, après une héroïque résistance, mitraillée par l'artillerie française, demanda à capituler.

Restait la garnison de Cherbourg, qui venait d'être fortifiée de deux mille archers tout récemment débarqués sous les ordres de sir Thomas Kiriel, général de réputation et fort ennemi des Français. Après avoir renforcé la garnison de cette ville, Kiriel avait eu le dessein d'en sortir avec une troupe en bon ordre, pour faire sa jonction avec Sommerset, qui, après la prise de Rouen, était allé former de nouvelles troupes du côté de Caen. Le connétable, ayant appris ce plan d'opérations, rassembla ses gens, et alla attaquer les ennemis dans une plaine aux environs de Formigny, assez à temps pour les empêcher d'exécuter complètement leur projet.

La bataille de Formigny est une des grandes

actions de ce règne; elle servit à montrer les progrès de la tactique française. Quatre mille Anglais perdirent la vie, quatorze cents furent faits prisonniers (15 avril 1450). On put se convaincre que la discipline double la force des armées. Les Français, habitués depuis six ans à suivre une règle sévère, battirent les Anglais supérieurs en forces, tandis que jusque-là, dans toutes les grandes batailles, les Anglais moins nombreux avaient triomphé de leur impétuosité.

Cette victoire amena la soumission de Vire, qui était une sorte d'arsenal de munitions où les Anglais tenaient en réserve beaucoup d'artillerie. La capitulation d'Avranches suivit de près celle de Vire.

Dunois, maître de Rouen et nommé gouverneur de la Normandie, vint alors rejoindre le connétable; ils mirent de concert le siège devant Caen. Le roi assistait à cette affaire. Les deux armées fournirent également de beaux exemples de courage; mais depuis quelque temps la fortune tournait le dos aux Anglais. Ils furent obligés de capituler le 1er juillet. Sommerset, après cet échec, partit pour l'Angleterre, où il fut très mal reçu.

Cherbourg seul résistait encore. Cette ville, bâtie, disait-on, par César, et fortifiée par Guillaume le Conquérant, avait une double importance comme place de guerre et comme port. La garnison se composait de deux mille hommes à peu près, commandés par Gouvel, vieux guerrier, frère d'armes de Talbot et dont le fils était prisonnier des Français. Le connétable déploya à ce siège toutes les ressources de la guerre. La garnison anglaise se défendit longtemps avec le courage du désespoir. La ville se rendit enfin, et cette reddition couronna la conquête de toute la Normandie, qui depuis plus de quatre cents ans avait été détachée de la France, au profit d'un pirate normand, par le traité de Saint-Clair-sur-Epte.

Les Anglais ne possédaient plus en France que la Guyenne. Dunois, que la gloire militaire du connétable rendait jaloux et qui cherchait avidement les occasions de s'illustrer autant que lui, s'efforça de montrer, dans les conseils de Charles VII, que la réduction de cette province était chose facile, et que le prince assez heureux pour expulser complètement les étrangers du territoire français en recevrait un lustre immortel. Le roi repoussa d'abord cette proposition ; le bruit des armes le fatiguait. Cependant les discours de Dunois finirent par le persuader; il le nomma une seconde fois son *lieutenant général en ses guerres*, et le chargea de la conquête de la Guyenne. Les circonstances servaient admirablement la noble ambition de Dunois; car le comte de Richemont, qui, en sa qualité de connétable, aurait pu réclamer le commandement de l'armée, venait d'être appelé en Bretagne par les troubles de sa famille.

Toutefois, avant de mettre ses troupes en marche, Charles VII voulut consulter les états-généraux. Dans un grand conseil convoqué à Tours, et où se voyaient des magistrats, des évêques, des généraux, des syndics de corporations, des prévôts de villes, il exposa ses projets et écouta les avis de chacun. Ce prince, qui n'avait dû le rétablissement de son trône qu'au dévouement de ses sujets, prit la louable habitude de ne rien entreprendre d'important sans en soumettre le projet aux représentants de la nation, imitant en cela l'exemple déjà plusieurs fois donné par ses prédécesseurs. Les avis furent unanimes à appuyer l'opinion de Dunois.

Les hostilités commencèrent sur la Dordogne par un détachement sous les ordres du comte de Penthièvre, auquel s'étaient ralliés les Rochechouart et les Larochefoucauld, seigneurs aquitains très puissants, ainsi que plusieurs baronnets bretons. Le siège de Bergerac, qui fut pris dans les derniers jours de 1450, ouvrit l'ère des succès. Chalais, Sainte-Foix, la Réole, Marmande, Bazas eurent le même sort. Les paysans, fuyant devant les généraux français, vinrent jeter l'épouvante dans Bordeaux. Cette ville voulut envoyer ses milices pour s'opposer à la marche des vainqueurs; mais une terreur panique s'empara d'eux, et ils se laissèrent tous assommer ou prendre comme des moutons (1er novembre 1450).

Le général en chef arriva bientôt avec un renfort de troupes fraîches, entama par terre et par eau le siège de Blaye, qui commande la Gironde et sépare Bordeaux de la mer, l'emporta d'assaut au commencement du printemps 1451, et vint investir Bordeaux, la capitale du pays. Les Bordelais, depuis longtemps accoutumés aux gens d'outre-mer et liés avec eux par de grands intérêts commerciaux, eussent volontiers secondé la résistance de la garnison anglaise; mais ils sentirent l'impossibilité de soutenir le choc. L'archevêque et les notables se décidèrent à venir traiter avec Dunois de la reddition de la ville.

Le 22 juin, le premier jurat de la ville monta sur une tour du côté de la mer, et ayant crié par trois fois « Secours d'Angleterre pour ceux de Bordeaux » sans recevoir d'autre réponse que celle de l'écho du rivage, on baissa le pont-levis, et on ouvrit les portes à Dunois, qui fit son entrée comme représentant du roi, ayant devant lui la grande bannière de France.

Il ne restait plus aux Anglais que la seule ville de Bayonne, qui ne tarda pas à suivre l'exemple du reste de l'Aquitaine. Les comtes de Dunois et de Foix vinrent l'assiéger le 6 août. La garnison capitula dès le 18. Nos chroniqueurs racontent que le lendemain, au moment où les Français allaient entrer dans la ville, vers le lever du soleil, on aperçut tout à coup dans le ciel une croix blanche qui demeura sans se mouvoir l'espace d'une demi-heure. Chacun s'empressa aussitôt de détruire les bannières à la croix rouge d'Angleterre pour les remplacer par celles à la croix blanche de France, qui seule désormais devait flotter sur toutes les terres du royaume.

Quand cette nouvelle parvint en Angleterre, elle y causa une désolation générale. Quatorze mois après, le 20 octobre 1452, on voulut vainement tenter de réparer cet échec en envoyant dans le Médoc le vieux Talbot, ce général presque centenaire, dont la réputation avait traversé deux règnes. L'armée royale, qui s'était imprudemment retirée, se hâta d'accourir de nouveau, ayant toujours Dunois à sa tête. Dans une sortie de la garnison de Bordeaux sur le camp français, après une journée très chaude où notre artillerie avait fait merveille, le vieux Talbot tomba de cheval, se brisa la cuisse et fut achevé par les francs-archers. Sa mort jeta le découragement dans l'esprit de ceux qui pouvaient conserver encore un reste d'illusion. Les petites places envahies par les Anglais se rendirent; Bordeaux capitula une seconde fois, et l'Angleterre perdit jusqu'à l'espérance de recouvrer jamais cette fertile contrée.

Ainsi se termina cette guerre de l'indépendance française, commencée par le sang de Jeanne d'Arc, continuée par le dévouement admirable de tout un peuple, par le génie militaire du grand connétable, la bravoure de ses capitaines, l'or du généreux Jacques Cœur, et accomplie, pour ainsi dire, malgré le roi de France, qui, au milieu de tous ces grands dévouements, n'eut que le mérite de se laisser servir par les hommes de génie qui l'entouraient.

Le connétable de Richemont fut un des meilleurs généraux et des plus grands hommes, qui contribuèrent au relèvement de la France, à l'époque désastreuse où il vécut. On peut le proclamer le réformateur de la milice française. Son autorité et sa fermeté maintinrent constamment la discipline qu'il établissait, et le mélange d'équité et de rigueur qu'il sut apporter dans l'exercice du pouvoir, lui valut le nom de *Justicier*.

Devenu souverain lui-même, quelques courtisans lui conseillèrent de quitter le titre de connétable, comme étant au-dessous de son nouveau rang ; mais il s'y refusa, disant qu'il voulait honorer, dans sa vieillesse, une charge dont il s'était honoré toute sa vie. Dans les cérémonies publiques, il faisait porter devant lui deux épées, l'une nue comme duc de Bretagne, l'autre dans le fourreau comme connétable de France.

Le connétable continuait à rendre les plus grands services au roi, à la France, lorsque, par suite de la mort successive des ducs de Bretagne, son frère, et celle de ses neveux, il fut appelé à la couronne ducale. Il était alors âgé de soixante-cinq ans.

Les Bretons saluèrent son avènement avec enthousiasme ; mais ils ne jouirent pas longtemps du gouvernement d'un prince aussi accompli. Une maladie de langueur le fit succomber, après seize mois de règne en Bretagne.

Il mourut en chrétien fervent, comme il avait vécu. Il se confessa la veille de Noël, assista le lendemain, quoique fort affaibli, à l'office de matines, puis à la messe, fit ses dévotions à genoux avec une piété qui édifia tout le monde, et expira le 25 décembre 1458, dans son château de Nantes, après cinquante ans de gloire et seize mois de règne.

JACQUES CŒUR

JACQUES CŒUR

I

Jacques Cœur, ou Cuer, naquit à Bourges vers l'an 1400. Son père était un de ces braves commerçants que les récits du moyen âge nous montrent levés à l'*Angelus* du matin, couchés dès que les cloches du soir sonnent le couvre-feu, et passant leurs jours calmes et occupés, dans leurs demeures sans luxe, sans étalage, à travailler sous l'œil de Dieu. Après eux, dans la même maison, vivaient leurs fils, peu désireux eux-mêmes, en général, d'échanger leur vie tranquille et pieuse contre une vie plus brillante et plus agitée, et surtout peu soucieux de faire fortune en dix ans au risque d'une banqueroute honteuse.

Ainsi les générations se succédaient, heureuses et bénies, vieillissant dans la condition où la Providence les avait fait naître, comme ces bons fruits qui mûrissent au soleil, chaque année, à la même place, sans perdre leur saveur.

Mais Dieu juge quelquefois bon de désigner un homme pour accomplir quelque grand changement dans les habitudes d'une famille, dans le sort d'un peuple; il fait sortir cet homme des voies où marchaient ses contemporains, et le fait avancer le premier dans des routes nouvelles.

Or, dans les desseins de sa sagesse, Dieu avait décidé que la France, jusqu'alors essentiellement guerrière, devait joindre à la gloire des champs de bataille le génie du travail, et qu'au-dessous de la foule brillante de ses nobles et illustres chevaliers grandirait une armée laborieuse et patiente de commerçants, d'ouvriers, d'artistes, qui placeraient cette terre bénie à la tête des nations.

Il avait ainsi désigné Jacques Cœur, et, dès sa plus tendre jeunesse, celui-ci avait senti en lui le génie commercial. Déjà, en 1427, il s'était associé avec un négociant de Rouen, dont l'invasion anglaise avait ruiné le commerce, et qui, ayant obtenu la fabrication des monnaies du roi, était venu s'établir à Bourges. Cette entreprise n'avait pas bien réussi, et ce n'est que vers 1432 que le jeune homme commença ces entreprises merveilleuses qui devaient illustrer son nom et ouvrir à la France une nouvelle source de grandeur et de prospérité.

Il y a quelques années, quand on avait le goût des aventures, l'amour de l'or amassé en peu de temps, ce que l'on appelait *faire fortune*, on partait pour la Californie; aujourd'hui encore l'Amérique attire l'homme qui, pauvre d'écus, compte sur son intelligence et son habileté pour arriver promptement à une haute situation.

Du temps de Jacques Cœur, c'était vers l'Orient, vers la Syrie, vers l'Egypte, vers l'Inde même que se dirigeaient tous ceux qui se sentaient l'énergie de tenter le voyage, bien périlleux alors du Levant.

Mais en ce temps là, comme de nos jours, le plus souvent l'inconduite de l'émigrant, son impatience irréfléchie, le but tout égoïste qu'il donnait à ses efforts, le conduisaient bientôt à la misère et à la mort.

Il n'en fut pas ainsi de Jacques Cœur lorsqu'il se décida à tourner ses regards vers l'Orient. Une lueur éclaira son intelligence lorsqu'il se dit : « C'est là qu'il faut aller! » Et le succès devait venir, car une grande pensée soutenait et dirigeait ses efforts.

Dans un de ses premiers voyages, passant par l'Italie, il avait vu, à Florence, un de ces hommes rares qui, pacifiquement, par leur travail et sans faire couler une seule larme, illustrent à jamais leur patrie en l'enrichissant et en remplissant le monde de leur nom.

Cet homme était Cosme de Médicis, un marchand devenu l'égal des rois, et dont les descendants s'assiéront sur des trônes ou seront couronnés de la tiare. Et Jacques avait voulu devenir ce qu'était cet homme; il avait eu l'idée de lutter contre le génie industriel des Italiens, de leur enlever ce monopole commercial qui les rendait puissants. Il était du peuple, et il aimait son pays, prêt à sacrifier pour lui son sang, ses veilles, ses labeurs; il aimait son pays comme l'aimait Jeanne d'Arc, comme l'aimaient Alain Chartier et tant d'autres.

Il avait vu les Anglais désoler odieusement le royaume, faute de quelques millions pour solder les troupes nécessaires à sa délivrance; et, à Bourges même, il savait le roi si pauvre, que son trésor contenait à peine quatre écus; que sa table était souvent misérable, et qu'un jour, les fameux généraux La Hire et Xaintrailles étant venus le voir, il n'avait pu leur offrir que « deux poulets tout seulement et une queue de mouton. » Jacques Cœur avait, lui aussi, « grand'pitié du royaume de France, » et en même temps qu'il voulait combattre, le heaume en tête et l'épée au poing, l'ennemi héréditaire, il comprenait que tous ces petits combats partiels, toutes ces victoires gagnées chaque jour seraient vaines pour le chasser définitivement et à jamais, et qu'il fallait à la vaillance des soldats ajouter, pour une entreprise aussi longue et aussi difficile, de l'or, beaucoup d'or.

Son génie trouva bientôt cet or indispensable.

On ne sait point au juste quelles furent ses premières opérations en Orient; mais elles furent aussi heureuses qu'il les pouvait désirer. Doué de ce discernement qui fait apprécier les hommes et les événements, de ce coup d'œil sûr et rapide qui voit et juge les chances du commerce sur les différentes places, de cette force de volonté qui marche à son but sans se détourner, de cette heureuse assurance qui saisit le moment où il faut commencer, celui où il faut s'arrêter à propos dans les entreprises et les spéculations, mais surtout inspiré par l'ange de la France qui le suscitait pour seconder et terminer la miraculeuse mission de Jeanne, il réussit pleinement.

Trois ans après ses débuts (1435), l'histoire, comme nous l'avons dit, nous le montre *maître des monnaies* à Bourges. Bientôt après, il est l'*argentier du roi*, c'est-à-dire l'homme chargé de toutes les recettes et de toutes les dépenses de la maison du roi, poste de confiance, important à cette époque plus qu'à n'importe quelle autre. Son commerce s'étend chaque jour d'une façon prodigieuse. Trois cents facteurs résident sous son nom et pour son compte, non seulement dans les ports de l'Europe, mais encore dans ceux de l'Orient et chez toutes les nations voisines de la France. Il a choisi Montpellier pour être son lieu d'entrepôt; et du port de Lattes, situé sur le petit fleuve de Lez qui reliait Montpellier à la mer, s'élancent ses innombrables vaisseaux qui couvrent l'Océan et la Méditerranée, et naviguent avec autant de sûreté que s'ils eussent appartenu aux monarques les plus puissants. Il envoie des expéditions jusque dans le fond de l'Asie, d'où elles rapportent des draps d'or et de soie, des fourrures, des armes, des épices, des lingots d'or et d'argent, dont l'échange multipliait et accroissait chaque jour ses profits et ses relations.

Sa fortune va de plus en plus grandissant; les honneurs l'accompagnent. En 1440,

Charles VII lui accorde des lettres d'anoblissement, ainsi qu'à sa femme et à ses enfants; Nicolas Cœur, son frère, devient évêque de Luçon (1441); sa sœur épouse Jean Bouchetel, secrétaire du roi, et sa fille le vicomte Jacquelin de Bourges, seigneur de Marolles et de Saint-Palais. Son fils Henri est doyen de l'église de Limoges; son autre fils, Jean, est nommé par le chapitre archevêque de Bourges (1446). Les plus grands seigneurs recherchent son amitié; Jean de Bar, conseiller du roi, les évêques d'Agde, de Carcassonne, de Nevers, lui prouveront qu'ils sont ses amis, lorsque l'heure de la détresse aura sonné pour l'illustre argentier.

La fille du roi, Mme Aragonde de France, lui empruntait « quatre-vingts livres parisis pour avoir une robe; » Marie d'Anjou, reine de France, est sa débitrice. Le duc Philippe de Bourbon lui vendait la terre seigneuriale de Saint-Gérand de Vaux, dans le Bourbonnais; le maréchal de Culant, les terres d'Yvel-le-Vieil et de Meaulne en Berry; le marquis de Montferrat, les terres et seigneuries de Toury, de Saint-Fargeau, de la Couldre, de

Lavau en Puisaye, de Péreuse, la baronnie de Douzy, etc., etc. Il a des maisons et des hôtels dans les principales villes du royaume : deux maisons à Paris, deux à Tours, quatre maisons et deux hôtels à Lyon, des maisons à Beaucaire, à Béziers, à Saint-Pourçain, à Marseille.

II

Mais ce n'était pas pour devenir seulement noble et riche que Jacques Cœur avait travaillé ; le grand citoyen songeait surtout à servir son pays.

Nous le voyons chargé, conjointement avec Pierre Dumoulin, archevêque de Toulouse, et Jean d'Etampes, trésorier et maître des requêtes, de procéder à l'installation du parlement du Languedoc (1444), puis nommé président des Etats-Généraux de cette province, et, par son équité, son indépendance, son habile administration, il sut si bien se concilier l'estime et la bienveillance de ces Etats, si jaloux de leur autorité, qu'ils lui témoignèrent leur reconnaissance par toutes sortes de distinctions et de présents (1449, 1450, 1451).

Il fut ensuite désigné par le roi pour faire partie de l'ambassade chargée d'opérer l'annexion de Gênes à la France (1446). Enfin, suprême honneur, il est un de ceux qui aidèrent puissamment à la mission de rendre la paix à l'Eglise, en empêchant le schisme qui menaçait, et en obtenant que nul compétiteur ne disputât au pape Nicolas V la tiare que les cardinaux fidèles avaient accordée à ses vertus et à ses talents (1449).

Cependant le roi Charles VII avait enfin secoué cette mollesse qui faisait dire de lui « qu'il perdait gaîment son royaume; » il ne voulait plus n'être que « le roi de Bourges. »

Philippe le Bon, le puissant duc de Bourgogne qui avait amené l'Anglais en France pour venger son père assassiné au pont de Montereau, avait à se reprocher à son tour le crime bien plus atroce d'avoir livré Jeanne d'Arc. Son ressentiment que le temps avait d'ailleurs à peu près effacé, n'avait plus guère d'excuse pour durer. Lui-même commençait à se sentir mal à l'aise dans le parti anti-national, car presque toute la nation s'était ralliée à Charles VII.

On avait eu beau couronner solennellement à Paris Henri VI d'Angleterre, comme roi de France, la cérémonie avait été triste et de mauvais augure. Les Parisiens eux-mêmes, mourant de faim et de misère, songeaient à revenir à leur souverain légitime. Philippe le Bon avait dans l'intervalle fait sa paix avec Charles VII par le traité d'Arras.

Cette réconciliation allait rendre possible, dans un avenir peu éloigné, la fin de cette occupation anglaise sous laquelle depuis cent ans la France se débattait. Mais il fallait de l'or, beaucoup d'or, avons-nous dit. Jacques Cœur mit à la disposition du roi tout ce qu'il possédait.

Et le roi, puisant dans les coffres de son argentier, put alors rentrer dans Paris. Il put aussi réprimer la *Praguerie*, cette révolte de quelques grands seigneurs qui combattaient auparavant pour le roi ; enrégimenter ces vingt-cinq mille routiers, appelés les *Ecorcheurs*, soldats sans emploi qui dévastaient la France, et les envoyer soutenir les droits de René d'Anjou en Lorraine, ou, sous les ordres du Dauphin Louis, combattre les Suisses ; enfin reconquérir la Normandie, un des beaux fleurons de la couronne de France.

Aussi, au bout d'un an, les Anglais, successivement refoulés, étaient battus sur tous les points.

Charles VII, *la salade en tête, le pavois à la main,* dirigea lui-même le siège de plusieurs villes. Jacques Cœur l'avait accompagné partout, aussi brave sur le champ de bataille que généreux pour préparer la victoire, et dans l'entrée triomphale que fit le roi à Rouen, le moins acclamé certes ne fut pas l'argentier du roi, comme le prouvent ces rimes du poète historien, Martial d'Auvergne, racontant ce grand événement :

Ledit Dunois estoit monté
Sur un cheval plaisant à l'euil,
Enharnaché, bien apointé,
Et couvert de velours vermeil.

Après li suyvoient de court
Brézé, Jacques Cueur l'argentier,
Avec le sire de Gaucourt,
Tenant les rênes de leur quartier.
Ces trois estoient vestus de mesmes
De jacquettes et paravant,
Comme Dunois et en tout esmes,
Sans différence aucunement,
Et pour loyaument conseiller
L'entretènement et police
Y avoit Trainel chancelier
Et autres grant gens de justice,
Valpeague, le seigneur Gaucourt,
Sire Jacques Cueur l'argentier,
Et autres gens suivant la court,
Faisant debvoir en leur quartier;
Mesmement le dit Jacques Cueur,
Touchant l'argent et les finances,
Et qui y travailloit de cueur,
Faisant extrême diligence.

(*Les Vigiles de Charles VII*, année 1449.)

Jacques Cœur commença ses réformes financières par la fixation des monnaies à un titre unique. Depuis Philippe le Bel, plusieurs fois le trésor, dans les moments de gêne, avait eu recours à l'altération du numéraire. D'une autre part, profitant du désordre des guerres, divers seigneurs avaient fait fabriquer, au nom et aux armes du roi, des pièces d'or et d'argent d'une valeur inférieure. L'habile commerçant avait vu de trop près les funestes effets de ces variations pour ne pas s'empresser de mettre fin à ces abus. « C'est lui, dit un historien des plus compétents, qui rétablit en quelque façon les monnaies en les faisant fabriquer sur le fin. » A peine maître des monnaies, il fit émettre par le trésor une quantité considérable de pièces en or fin et en argent qui rendirent la sécurité au commerce. La plupart des ordonnances sur cette matière, qui furent promulguées de 1435 à 1451, furent préparées par lui. En 1438, le gouvernement interdit sous peine d'amende les opérations du change à toute personne non autorisée. Cette prescription avait sans doute pour but d'empêcher qu'au milieu de cette multitude de monnaies tant françaises qu'étrangères qui circulaient dans le royaume, le public ne fût trompé par des changeurs sur lesquels l'administration n'aurait eu aucun pouvoir. La même ordonnance fixait la remise des changeurs et renouvelait l'édit porté par Philippe le Bel, qui défendait de porter « or, argent ou billon hors du royaume. » On nomma trois réformateurs généraux pour tout le royaume sur le fait des monnaies, et on réduisit à sept le nombre des maîtres autorisés à cette fabrication.

En même temps qu'il avisait au moyen de rétablir l'ordre dans cette partie tout à la fois si délicate et si importante des services publics, le conseil de Charles VII proposait et faisait adopter successivement diverses ordonnances, la plupart très remarquables, sur l'assiette et la perception de l'impôt.

Le revenu avait trois sources : le domaine, les aides et gabelles, et les tailles. Pendant longtemps, le revenu du domaine avait suffi dans les circonstances ordinaires aux dépenses de la maison de nos rois; plus tard, on y avait ajouté les aides et gabelles, origine de notre impôt direct; enfin on eut recours aux tailles, qui, établies d'abord à des intervalles éloignés pour faire face à des situations critiques, devinrent perpétuelles à partir du règne de Charles VII.

Les revenus du domaine consistaient en rentes et censives provenant des terres et seigneuries qui appartenaient à la couronne, en droits féodaux dont jouissaient ces mêmes terres et seigneuries, et en droits domaniaux, tels que ceux dits de franc-fief, d'amortissement, de banalité, d'aubaine, etc., attachés à la souveraineté. Plusieurs de ces droits étaient fort singuliers. Ils étaient en général d'un revenu peu important; mais ils s'attachaient aux détails les plus minutieux de la vie, tels que cuire le pain, moudre la farine, pressurer son vin, vendre ses denrées au marché public, pêcher ses étangs, chasser son gibier. Ceux qui avaient rapport aux biens des étrangers morts sans postérité, ou aubaine, ou taxe sur les roturiers possesseurs de maisons nobles, ou franc-fief, à l'héritage et au mariage des enfants illégitimes, donnaient des revenus plus certains.

Les aides étaient une imposition sur les marchandises. Accordées par le consentement des états pour un temps déterminé, elles devaient être renouvelées si les circonstances l'exigeaient. Elles étaient perçues sur les marchandises d'après le prix payé par l'acheteur. Les nobles sans fraude, vivant noblement, et les gens de guerre, en étaient seuls exempts. D'ordinaire on les donnait à bail;

mais lorsque les offres des soumissionnaires ne paraissaient pas assez élevées, on les faisait régir par des commissionnaires pour le compte de la couronne.

La taille proprement dite s'élevait sur les personnes à raison de leurs biens ou de leur fortune présumée. A certaines époques, les commis se transportaient dans chaque paroisse, dressaient, avec l'aide du curé et de quatre notables, une liste des états et facultés de chacun, et chacun était soumis à une cote qu'il fallait payer sous peine de recevoir les garnissaires. Le nom de cet impôt lui vient de ce que les percepteurs, étant souvent illettrés, se servaient pour leurs comptes d'une branche de bois fendue qu'ils taillaient à chaque somme reçue, comme font encore les boulangers dans certaines petites villes, à mesure qu'ils livrent des pains. Une ordonnance du mois de juin 1445 porte que tous les sujets, « tant marchands, mécaniques, laboureurs, procureurs, praticiens, officiers, tabellions, comme autres, de quelque profession qu'ils fussent, étaient tenus d'y contribuer. »

Plusieurs ordonnances, spécialement relatives à la comptabilité, au maniement et à la rentrée des deniers publics, furent rendues de 1440 à 1445. On y imposait à tous les agents du fisc l'obligation de tenir registre exact de leurs recettes, et d'en adresser tous les ans une copie à un receveur général siégeant à Paris. L'ordonnance de 1443 disait à ce sujet : « Et pour que toutes et quantes fois que bon nous semblera puissions voir clairement au vrai l'état et dépense de nos dites finances, sans qu'il soit besoin audit receveur général de rapporter par devers nous lesdits rôles et acquits, voulons et ordonnons que dorénavant soit fait par nos dits gens de finances un registre ou papier auquel ils seront tenus d'enregistrer tout ce que par nous aura été ainsi commandé et par eux expédié touchant le service de nos finances. »

Cette réforme ne tarda pas à porter ses fruits et à rétablir l'aisance dans les coffres de l'Etat depuis si longtemps restés vides. Le roi en récompensa Jacques Cœur par de nouvelles faveurs.

III

Jacques Cœur, comblé de richesses et d'honneur, se laissa malheureusement trop entraîner à l'amour du faste, qui l'éblouit au point de vouloir effacer, par son luxe et sa magnificence, les chefs des plus illustres maisons du royaume. Lors de l'entrée triomphale du roi à Rouen, il affecta de marcher à côté de Dunois, de porter exactement le même costume de velours vermeil fourré de fines marthes que le vainqueur de la ville, avec une monture pareille et des housses tout à fait semblables; ce qui ne dut pas être du goût de tous ces hauts barons si glorieux de l'antiquité de leur race.

D'un autre côté, ses nombreux débiteurs, dont quelques-uns lui devaient des sommes énormes, devinrent ses ennemis acharnés.

Ils profitèrent, dans l'espoir de lui enlever son crédit et de s'enrichir de ses dépouilles, des absences prolongées qu'il était obligé de faire pour le service du roi et du pays.

Cœur avait eu aussi des relations avec le Dauphin, depuis Louis XI. Ce jeune prince, d'un caractère sombre et mécontent, ne témoignait aucune confiance au roi, et agissait de manière à se faire des partisans pour son propre compte. Les ennemis de l'argentier, pendant son séjour à Lausanne, ajoutèrent ce grief à beaucoup d'autres pour le perdre dans l'esprit de Charles VII. Des dénonciateurs vinrent l'accuser d'avoir altéré les monnaies, d'avoir fait transporter hors du royaume beaucoup d'or d'un titre inférieur à celui du prince, d'avoir contrefait le petit scel du secret du roi, d'avoir fourni des armes aux musulmans, d'avoir exercé des concussions dans plusieurs provinces, d'avoir forcé des particuliers à lui payer de grosses sommes d'argent. On l'avait même antérieurement accusé d'avoir empoisonné Agnès Sorel, qui était morte subitement. Mais sur ce dernier chef, il avait confondu son accusatrice, qui elle-même avait été condamnée à lui faire amende honorable.

Chabannes, un des courtisans qui exerçait la plus grande influence sur l'esprit de Charles, groupa avec un art perfide tous ces délits et crimes. Ce fut lui qui fut nommé président de la commission spéciale chargée d'instruire la cause (1452). Dès lors, on pouvait regarder Jacques Cœur comme perdu.

Il établit son innocence sur un grand nombre de faits; mais, en ce qui concerne les exactions et les concussions, il ne lui suffit pas de nier la vérité des témoignages, il fallait qu'il en administrât les preuves. Pour se justifier par lettres, quittances, décharges et autres papiers, comment, du fond de sa prison, pourrait-il recouvrer tant de pièces éparses en différents pays, quelques-unes peut-être sur ses vaisseaux du Levant? Il lui faudrait la liberté et le temps nécessaire, qui lui sont refusés. On ne permit pas même à Guillaume de Varie, le principal de ses facteurs, de revenir dans le royaume pour l'assister.

On lui refusa même des avocats et un conseil ; on lui refusa de voir Jean Cœur, archevêque de Bourges, son fils, qui eût pu recouvrer plus facilement les pièces justificatives qu'on réclamait de lui ; et pour combler la mesure, on lui refusa de faire entendre des témoins.

Jacques Cœur déclare alors qu'il a reçu un ordre mineur de cléricature, et qu'il en appelle aux tribunaux ecclésiastiques. L'évêque de Poitiers, l'archevêque de Tours évoquent l'affaire ; l'archevêque de Bourges intervient. Tout est vain, l'affaire est trop engagée pour reculer; il faut en finir le plus tôt possible. On le soumet à la question.

Cet homme, si puissant par le caractère et l'intelligence, brisé par deux années de captivité, par le deuil de sa femme, morte de chagrin, n'a pas la force de résister à la question. Il cède et admet la déposition des témoins. Le 29 mai 1453, le chancelier prononce le jugement. D'après l'arrêt, les divers crimes dont on avait chargé l'argentier du roi emportaient la peine capitale; mais, « attendu, » dit l'arrêt, que le Pape avoit escript et faist » requête en faveur de Jacques Cœur, » il ne fut condamné qu'à faire amende honorable devant le procureur général, à des restitutions et une amende de 400,000 livres, à la confiscation de tous ses biens et au bannissement.

Le 6 juin, l'arrêt de condamnation reçut son exécution dans la salle du prétoire de Poitiers. Cette extrême humiliation étant consommée, il est encore retenu en captivité.

Enfin, après bien des jours d'abattement, il recouvre l'énergie et la santé, et parvient à s'échapper du château où il est renfermé. Il se dirige vers la Provence; arrivé à Beaucaire, il est reconnu, et il se réfugie dans un couvent de Cordeliers, lieu d'asile inviolable. Les religieux maintiennent avec fermeté les saintes prérogatives de leur couvent, et refusent de livrer l'hôte que Dieu leur a donné.

La haine n'est pas satisfaite. Un assassin, salarié par Otto Castellani, parvient pendant la nuit à pénétrer jusqu'à la cellule de Jacques Cœur; mais le frère Hugault avait eu la précaution de lui donner un fort maillet avec lequel il fit prendre la fuite au misérable.

Une telle vie, au milieu d'embûches continuelles, était intolérable; le prisonnier se sent mourir. Il pousse un cri d'appel à ses anciens amis. Le bon frère Hugault se charge de faire passer une lettre à Jean de Village, un de ses principaux facteurs et son parent, alors à Marseille, lettre dans laquelle il réclame de lui sa délivrance.

Jean de Village n'hésite point : deux autres facteurs de Jacques Cœur, Guillaume Gymart et Gaillardet, s'associent à son projet. Au temps de sa prospérité, il avait comblé de trop de bienfaits ceux qui l'entouraient ou le servaient, pour ne point trouver, dans le malheur, des cœurs et des bras dévoués. Ces trois hommes ont bientôt recruté une petite troupe d'une vingtaine *de bons compagnons de guerre*. Ils remontent le Rhône et se rendent à Tarascon, ville appartenant alors à René d'Anjou et séparée de Beaucaire par le Rhône seulement.

Jacques Cœur est prévenu de l'arrivée de ceux qui vont tenter « de le jeter hors de là où il estoit, » selon l'expression de sa lettre. Au sortir des Matines qui alors se chantaient à minuit, le prisonnier devra se tenir prêt.

En effet, dès que la nuit est venue, les courageux compagnons sortent de Tarascon, traversent le Rhône, et armés des outils nécessaires, ils arrivent au pied des murs de Beaucaire. Un des hommes connaissait une brèche qui existait à une certaine partie des murailles; on agrandit cette brèche de façon à ce que tous puissent facilement passer; puis, à l'heure convenue, on pénètre dans le couvent des Cordeliers.

Il y avait une garde à l'extérieur; mais c'est en vain qu'une résistance à son enlèvement est essayé. Jacques Cœur court vers ses libérateurs, et, bientôt vainqueurs, ceux-ci s'éloignent à la hâte, emmenant avec eux celui pour lequel ils avaient tenté une si audacieuse entreprise.

Après être retournée à Tarascon en passant le Rhône avec leur barque, la petite troupe accompagne Jacques Cœur jusqu'au port de la tour du Bouc, à l'entrée de l'étang de Berre qui communique avec la Méditerranée. Une embarcation, préparée d'avance par Jean de Village, l'y attendait. Le fugitif y monte et se rend à Marseille, d'où il gagne Nice à pied. Un navire armé était prêt à le recevoir; il fait voile vers Pise. Bientôt après, à Rome, le pape Nicolas V accueille avec les marques de la plus vive satisfaction l'illustre proscrit.

A Rome, Jacques Cœur est rejoint par Jean de Village, qui lui rendit ses comptes et « besoigna avec lui de toutes les charges » et administrations des galées et faicts qu'ils » avoient eus, tellement que l'on resta con» tents l'un de l'autre. » D'autres agents dévoués, qui lui étaient restés fidèles, lui restituent loyalement alors ce qu'ils avaient pu sauver de ses marchandises et de ses navires.

Mais, en dépit de la considération dont il était entouré et de la bienveillance dont l'honorait le Souverain-Pontife, Jacques Cœur ressentit bientôt les amères tristesses de l'exil. « J'ai passé à travers les peuples, dit le poète, et ils m'ont regardé, et je les ai regardés, et nous ne nous sommes point reconnus. L'exil est toujours seul! »

Puis, le repos lui étant impossible, où se

porterait dorénavant sa puissante activité? Dieu y pourvut, et accorda à ses derniers jours de glorieux labeurs, et la consolation de mourir, comme un croisé du XIe siècle, sous la bannière de l'Eglise.

L'Europe entière était alors sous l'impression qu'y avait causée la prise de Constantinople par les Turcs (29 mai 1453). Cette impression avait été plus profonde à Rome, cœur de la chrétienté, que partout ailleurs. Nicolas V, qui venait de mourir, avait préparé, à cette nouvelle, une expédition contre les musulmans, et Calixte III, son successeur, reprit l'œuvre commencée. Il envoya des ambassadeurs auprès des princes chrétiens pour en obtenir des subsides ou des auxiliaires. L'enthousiasme qui avait armé l'Europe à l'époque des croisades était éteint, et la papauté dut tenter seule cette noble guerre. Il y avait alors dans le trésor de l'Eglise 200,000 écus d'or. Grâce à cette somme augmentée de décimes qui furent imposés sur le clergé, de quelques aumônes, d'offrandes recueillies par des prédicateurs qui parcouraient les divers Etats de la chrétienté, Calixte III arma une flotte de seize galères, dont il donna le commandement supérieur au patriarche d'Aquilée.

Mais il fallait à cette flotte un homme actif, énergique, dont le nom et les précédents inspirassent confiance aux soldats. Calixte III choisit Jacques Cœur, le vieux argentier du roi de France, le vieux guerrier de la conquête de Normandie, et il le nomma capitaine général de l'expédition.

En quittant l'Italie, la flotte se dirigea vers Rhodes, puis vers Chio; ce fut là que, blessé dans un engagement, Jacques Cœur mourut (25 novembre 1456).

Au moment de rendre son âme à Dieu, il protesta de son innocence par un serment solennel, pardonna à ses ennemis, au roi, et supplia Dieu de leur pardonner à tous, petits et grands.

Mais Dieu voulut sans doute que le crime contre le grand citoyen fût puni en ce monde, pour servir d'exemple. Castellani et Guillaume Gouffier, disgraciés à leur tour (1457), traînés de prison en prison comme Jacques Cœur, condamnés comme lui, durent reconnaître le jugement de Dieu. Chabannes pensa sans doute souvent plus tard, dans la prison où le tenait renfermé Louis XI, au crime qu'il avait commis contre l'argentier du roi.

Et la postérité impartiale a placé Jacques Cœur parmi les gloires de la France.

FIN

— Lille. Typ. J. Lefort. 1379 —

www.ingramcontent.com/pod-product-compliance
Ingram Content Group UK Ltd.
Pitfield, Milton Keynes, MK11 3LW, UK
UKHW021125260726
13994UKWH00002B/988